# Gnadenlos intolerant

Lothar Klemm

# Gnadenlos intolerant
# **Bischof Johannes Dyba**

Schüren

Die Deutsche Bibliothek – CIP-Einheitsaufnahme
*Klemm, Lothar:*
Gnadenlos intolerant – Bischof Johannes Dyba/
Lothar Klemm. – Marburg : Schüren, 1993
ISBN 3-89472-081-6

Schüren Presseverlag
Deutschhausstraße 31 · 3550 Marburg
Kuglerstr. 5 · O-1071 Berlin

Illustrationen von Gerhard Mester
Satz: Textline, Oberursel
Druck: Clausen & Bosse, Leck

Printed in Germany
ISBN 3-89472-081-6

## Vorwort

Im 8. Jh. bekehrte Bonifatius die bis dahin heidnisch gebliebenen Hessen zum Christentum. 1200 Jahre später kämpft einer seiner Erben auf dem Bischofsstuhl noch immer mit missionarischem Eifer gegen Andersgläubige und Heiden: Johannes Dyba. Wirklich sprechen kann der Kleriker mit ihnen zwar nicht, denn das ist mit seinen Worten *»so, als ob man mit Blinden über Rembrandt oder mit Gehörlosen über Beethoven«* redet. Deshalb sucht Dyba die Konfrontation und will *»falsche Brückenschläge in den Geist dieser Welt«* verhindern.

Bonifatius, der Apostel der Deutschen, baute Brücken in die Zukunft. Er trug dazu bei, den kulturellen Rückstand der ostrheinischen Lande gegenüber den westlichen Reichsteilen abzubauen. Auch infolge seines Wirkens entwickelte sich das Gebiet an Rhein und Main zu einer der kulturellen und politischen Kernlandschaften des fränkischen Reiches.

Das Rhein-Main-Gebiet entwickelt sich heute zu einer der zentralen Wirtschaftsregionen in Europa. Johannes Dyba, der Nachfolger Bonifatius', begleitet diesen Prozeß nicht als Aufklärer und Versöhner. Wo Aufklärung und Information gefragt sind, setzt er auf das Schüren von Ängsten, wo widerstrebende Interessen zusammengeführt werden müssen, setzt Dyba auf Spaltung.

Im Diskurs um die Zukunft des Rhein-Main-Gebietes und Hessens stehen bisher Fragen der wirtschaftlichen Entwicklung im Mittelpunkt. Unsere moderne Industrie- und Dienstleistungsgesellschaft steht vor der Herausforderung, diesen Prozeß sozial und ökologisch verantwortlich zu gestalten. Ob diese Region im Übergang in ein neues Jahrtausend tatsächlich Zukunft hat, entscheidet aber vor allem das geistige Klima in unserer Gesellschaft. Toleranz und Weltoffenheit sind Voraussetzun-

gen dafür, daß die Chancen zur Entwicklung einer modernen, lebenswerten Metropolregion von den Menschen, die hier leben und arbeiten, wirklich ergriffen werden können.
Über die Jahrhunderte wurde Hessen von liberalem Geist geprägt, der hessische Landgraf Philipp war die treibende Kraft zur politischen Absicherung der Reformation im Reich. Und trotzdem wurden die Wiedertäufer in Hessen nicht hingerichtet. Calvinisten, Waldenser und Hugenotten, die wegen ihres Glaubens fliehen mußten, fanden in Hessen eine neue Heimat. Georg Büchner verfaßte mit dem »Hessischen Landboten« die revolutionärste aller politischen Flugschriften im deutschen Vormärz. 1848 tagte die Nationalversammlung in der Frankfurter Paulskirche. Für Freiheitswillen und Achtung vor dem Andersdenkenden stehen für dieses Jahrhundert Namen wie Wilhelm Leuschner, Martin Niemöller und Elisabeth Selbert. Dybas Ausgrenzen abweichender Mei-

nungen und seine gnadenlose Intoleranz passen nicht in die geistige Tradition Hessens. Und vor der postmodernen Architektur Frankfurts wirken Dybas Ausfälle manchmal sogar belustigend. Aber es handelt sich nicht um Verirrungen eines einsamen Mannes. Nicht einzelne Ideen stehen gegen die liberale Tradition Hessens. Sein ganzes Weltbild atmet den Geist des finsteren Mittelalters.

Indem er seine religiösen, moralischen, ethischen Grundsätze extrem akzentuiert, polarisiert Dyba. Das Ergebnis ist eine Gesellschaft, die sich in Freunde und Feinde gruppiert, die nicht mehr miteinander diskutieren, sondern eigentlich nur noch gegeneinander polemisieren. Seine absolute Sicherheit, daß gerade er aus dieser Welt erwählt wurde, läßt ihn penetrant rechthaberisch erscheinen und diskriminierend gegen alle wirken, die anders leben und denken. Auf diese Weise wirkt Dyba politisch. Deshalb steht nicht der Kirchenmann,

sondern die politische Wirkung des Johannes Dyba im Mittelpunkt der folgenden Seiten.
Daß der Erzbischof Dyba seine Meinung vertreten kann, dafür werde ich mich immer einsetzen, denn eine weltoffene Gesellschaft muß solche Engstirnigkeit ertragen können. Aber sie muß die Auseinandersetzung suchen, denn wenn Engstirnigkeit um sich greift, wird Weltoffenheit erstickt.
Da vieles über Johannes Dyba bisher nur in Einzelheiten aus der Presse bekannt wurde, unternimmt das Buch den Versuch einer Gesamtschau seiner kirchlichen und politischen Ansichten. Mit kommentierenden Bemerkungen halte ich mich zurück. Der Erzbischof kommt selbst zu Wort. Dieses Buch ist keine Kampfschrift gegen Dyba. Es zeigt ihn schlicht und einfach, wie er ist.

»... der Marsch in das moralische Niemandsland, den unser Volk in den vergangenen zwanzig Jahren unter Führung seiner Medien und seiner Politiker angetreten hat, muß hier und jetzt angeklagt werden, muß hier und jetzt widerrufen werden.«

Dyba ist nach Ansicht eines Stadtmagazins zu einer neuen Maßeinheit geworden. Sie beschreibt den Abstand von einem zum nächsten Fettnäpfchen, in das der Fuldaer Bischof tritt. Dyba steigt nicht versehentlich in diese Näpfchen, er nimmt dort seine Kurbäder.

Kaum ein Vergleich ist Dyba zu drastisch und keine Gelegenheit zu peinlich, seine fundamentalistischen Ansichten öffentlich zu präsentieren. Exemplarisch für Geist und Methode ist seine Rede auf der Trauerfeier für den ermordeten Polizeihauptkommissar Klaus Eichhöfer.[1] Sie entgleist ihm zur Offenbarung vordemokratischen Gedankenguts. Polizistenmord, Abtreibung, Ehebruch, moralischer Ausverkauf: Für den Fuldaer Erzbischof ist das alles eine Soße. Kaum ein Problem dieser Gesellschaft, das sich für Dyba nicht auf den geistig-moralischen Verfall zurückführen ließe. Keine Institution der demokratischen Gesellschaft,

---

[1] Klaus Eichhöfer wurde 1987 bei den Auseinandersetzungen um den Bau der Startbahn West des Frankfurter Flughafens erschossen.

keine der drei Gewalten, die er nicht vom Virus der Zersetzung durchdrungen sieht. Weder die Gesetzgebung noch die Regierung, nicht die Gerichte und auch nicht die Medien genügen den fundamentalistischen Ansprüchen des katholischen Glaubenskämpfers. Die einzige Rettung scheint die Rückbesinnung auf das vormittelalterliche Muster eines Gottesstaates zu sein.

Als wäre die Gewaltenteilung nicht der Grundgedanke, für den sich die Väter und Mütter der Demokratie seit Jahrhunderten eingesetzt haben, und als hätte es in der Aufklärung niemals die grundlegende Einsicht der Trennung von Kirche und Staat gegeben, erhebt der Fuldaer Oberhirte den vor 1500 Jahren gestorbenen Augustinus zum modernen Gesellschaftstheoretiker. »*Ein Staat ohne Gott ist im besten Falle eine gutorganisierte Räuberbande*«, zitiert er den Heiligen.

Johannes Dybas »Trauerpredigt«:

*»Der Verstorbene, den wir heute zu Grabe tragen, hat sein Leben hingegeben für uns. Für uns alle, die wir in diesem Land in Frieden leben wollen, und die wir deshalb darauf angewiesen sind, daß sich immer wieder Menschen bereit finden, unseren Frieden und unsere Freiheit zu schützen, bis zum Einsatz ihres Lebens.*

*Unser Toter ist aber nicht eines natürlichen Todes gestorben, sondern er ist das Opfer eines feigen und heimtückischen Mordes geworden.*

*Er ist gefallen an einer Front, die es in unserem Land überhaupt nicht geben sollte. Und darum wird dieser Tod über die persönliche Trauer der Angehörigen hinaus für uns alle zu einem Menetekel, zu einem blutigen Zeichen an der Wand, das wir enträtseln und deuten müssen, wenn wir nicht blind in den Abgrund stürzen wollen.*

*Gewiß, zunächst wird da deutlich, daß unser Staat die Diener seiner Ord-*

*nung nicht an die Front schicken darf, um sie dann im Stich zu lassen; daß er den Müttern und Vätern, den Frauen und den Kindern unserer Polizeibeamten nicht zumuten darf, daß sie in Todesangst auf die Rückkehr der Ihren aus ihrem dienstlichen Einsatz warten müssen. Unser Frieden muß auch ihr Frieden sein. Oder aber: Ihre Not muß auch unsere Not sein!*

*Nun hört man ja bei den Politikern – aber selbst da noch nicht einmal bei allen –, es sei an der Zeit, über neue Möglichkeiten in der Gesetzgebung und in der Polizeitaktik nachzudenken. Das ist sicher fällig und überfällig, aber kann das denn alles sein? Hier geht es doch um mehr als um bloßes Taktieren.*

*Wir stehen doch heute vor der erschütternden Tatsache, daß der moralische Grundkonsens, den Jahrhunderte christlicher Tradition uns als selbstverständlich erscheinen ließen, uns heute verlorengegangen ist.*

*Und nun hilft alles nichts – nun muß*

*es einmal gesagt werden: An diesem Traditionsbruch, an diesem in seinen Konsequenzen noch gar nicht abzusehenden moralischen Zusammenbruch sind unsere Politiker und Parlamente nicht unschuldig.*

*Wer hat denn den Abschied von der Ethik und die Befreiung von der Moral begrüßt und legislativ vorangetrieben?*

*Erstens: Bei den Tötungsdelikten. Nach unseren Gesetzen genügt ein Beratungsschein, um ein unschuldiges Leben auszulöschen; und so werden Hunderttausende von unschuldigen Kindern jedes Jahr im Mutterleib zerfetzt. – Finanziert wird dieser Massenmord durch unsere öffentlichen Kassen. Wie stimmt das überein mit der Achtung vor der Würde und Unantastbarkeit menschlichen Lebens, die wir alle fordern?*

*Zweitens: Bei den Sittlichkeitsdelikten. Wer hat denn den himmelweiten Unterschied zwischen Zucht und Sitte auf der einen und widernatürlicher Unzucht auf der anderen Seite gesetzge-*

*berisch eingeebnet – und damit nicht nur moralische Blindheit, sondern auch todbringende Seuche auf uns herabbeschworen?*

*Drittens: Bei den politisch motivierten Delikten. Wer hat denn die Gesetze geschaffen, die den Störern und Zerstörern, ja schließlich den Mördern Freiräume schaffen – die Kräfte der Ordnung aber wehrlos machen?*

*Viertens: Im Eherecht. Seit der gefeierten Reform des Eherechts werden Schuldige und Unschuldige gleichbehandelt. Ehebruch und Grausamkeit sind rechtlich irrelevant geworden. Hunderttausende von Kindern, die aus dem warmen Nest der Familie geworfen werden, die für ihr Leben verunsichert nur allzuoft dem Haß verfallen – kümmert das unsere Gesetzgeber?*

*...der Marsch in das moralische Niemandsland, den unser Volk in den vergangenen zwanzig Jahren unter Führung seiner Medien und seiner Politiker angetreten hat, muß hier und jetzt ange-*

*klagt werden, muß hier und jetzt widerrufen werden.*

*Ja, viele fromme und beschwörende Worte haben wir ja gehört in den letzten Tagen von Politikern aller Farben unter dem Motto: ›Es muß alles anders werden‹, aber alles das werden bloße Worte bleiben, wenn sie – und wenn wir – nicht den Mut haben, uns wieder auf die moralischen Grundlagen, ja die Herausforderungen unseres christlichen Glaubens zu besinnen.*

*Und die einzige entscheidende Frage, die da vor uns liegt, ist die: Sollen wir den moralischen Ausverkauf fortführen, der im geistlichen Bereich zur Hölle, im weltlichen aber nach dem sittlichen zum politischen Zusammenbruch führen wird? Oder sollen wir uns auf das Gesetz Gottes besinnen, das allein des Menschen Heil bewirken kann?*

*Vor eineinhalbtausend Jahren hat der Heilige Augustinus gesagt: ›Ein Staat ohne Gott ist im besten Fall eine gutorganisierte Räuberbande.‹ Vor einein-*

*halbtausend Jahren! – Gibt es etwas, was aktueller und gültiger wäre in unserer Zeit?*

*Was also sollten wir tun, wenn wir die Zukunft gewinnen und nicht verlieren wollen? Dann müssen wir den Mut haben, unsere Kinder wieder die Tugenden zu lehren. In der Familie und in der Schule – die christlichen und die bürgerlichen Tugenden!*

*Ja und noch mehr: Wir sollten sie diese Tugenden nicht nur lehren, wir sollten sie ihnen auch vorleben: Ehrlichkeit, Treue, Selbstlosigkeit, Nächstenliebe, Tapferkeit, Dankbarkeit und Gottesfurcht!«*

Frankfurter Rundschau
12. November 1987

Das predigt der Erzbischof auf der Trauerfeier für einen erschossenen Polizeibeamten. Entsetzt über die antiliberale, pietätlose Haltung Dybas antwortet Martin Schmidtke, der Schwager des ermordeten Polizisten in einem offenen Protestbrief.

*»Sehr geehrter Herr Bischof!*

*... Sie beschreiben in Ihrer Predigt ein Bild von unserer Gesellschaft, das Widerspruch einfach herausfordert. Unter der Führung gewissenloser Medien und verantwortungsloser Politiker sei diese Gesellschaft auf dem Weg in ein moralisches Niemandsland. Die einzelnen ›Meilensteine‹ auf diesem Weg sind Ihrer Meinung nach die Legalisierung des Schwangerschaftsabbruchs, die weitgehende Straffreiheit der Homosexualität sowie die Liberalisierung des Ehescheidungsrechts. Diese, von demokratischen Mehrheiten erlasse-*

*nen Gesetze, sehen Sie als verhängnisvolle Entwicklung, die alle christlichen Grundsätze negiert und eine Tat, wie den Mord an meinem Schwager, erst möglich gemacht hat.*

*Auch wenn es für einen katholischen Würdenträger, von keinerlei Selbstzweifel berührt und von der Richtigkeit der eigenen Meinung völlig überzeugt, schwer nachzuvollziehen ist: Es gibt viele Menschen, Herr Bischof, die den Mord an meinem Schwager genauso entschieden ablehnen wie Sie, die aber, was die von Ihnen kritisierten Sachverhalte anbelangt, Ihre ›Meilensteine‹ auf dem Weg ins moralische Niemandsland, eine andere, aber deswegen nicht weniger begründete Meinung haben.*

*Sie verurteilen den Schwangerschaftsabbruch als Massenmord. Aber müssen Sie sich nicht auch fragen, ob die Kirche mit der Verurteilung vorehelicher Sexualität als Sünde und der gesellschaftlichen Ächtung lediger Mütter und ihrer ›fleischgewordenen Sünde‹ mit dazu bei-*

*getragen hat, daß vielen Frauen in ihrer Verzweiflung der Abbruch als letzter Ausweg erschien? Auch die Tatsache, daß bei den heute üblichen länger dauernden Schul- und Ausbildungszeiten und dem Wunsch, in einem erlernten Beruf auch tätig zu sein, eine Familienplanung notwendig ist, spielt sicher für das Verhalten eine gewisse Rolle. Auch der finanzielle Rahmen, in dem eine Familie sich bewegt, ist ein wesentlicher Faktor.*

*...Bei aller Kritikwürdigkeit unserer gesellschaftlichen Verhältnisse sollte man aber doch ein Mindestmaß an Fairneß und Augenmaß aufbringen. Eine so undifferenzierte Verurteilung der Medien und der Politiker als gottlose Räuberbande, wie Sie sie aussprechen, muß entschieden zurückgewiesen werden.*

*Es gab in Deutschland eine Zeit, wo solche Anklagen den Nagel auf den Kopf getroffen hätten, weil willkürlich verhaftet, gefoltert und gemordet wurde. Da wären solche starken Worte angemessener gewesen, wenn sie von allen Würdenträgern Ihrer Kirche rechtzeitig unmißverständlich ausgesprochen worden wären. Vielleicht hätte dadurch wenigstens etwas von dem unendlichen Leid, das vielen Menschen zugefügt wurde, verhindert werden können.*

*Ein Blick in die deutsche Geschichte, glaube ich, macht deutlich, daß sich in der Bundesrepublik eine Gesellschaft entwickelt hat, in der die demokratischen Grundrechte in einem Maße verankert und verwirklicht wurden, wie es bisher noch nie der Fall gewesen war. Aus Untertanen sind größtenteils Staatsbürger geworden, die sich nicht immer vorschreiben lassen wollen, welchen Standpunkt sie in strittigen Fragen einzunehmen haben.*

*Auch ein Blick in andere Länder, wo Menschenrechtsverletzungen an der Tagesordnung sind und politisch Andersdenkende, oder solche, die man dafür hält, verfolgt, gequält und sogar umgebracht werden, um die sogenannte ›Ordnung‹ aufrechtzuerhalten, sollte uns der Versuchung widerstehen lassen, unseren heutigen Staat mit seinen Unzulänglichkeiten, aber auch seinen Errungenschaften zu negativ zu beurteilen oder gar zu verteufeln.*

*Dieser Versuchung, sehr geehrter Herr Bischof, haben Sie meiner Ansicht nach nachgegeben. Ich bin überzeugt, daß in einer demokratischen Gesellschaft ein erträgliches Miteinander nur dann gewährleistet ist, wenn man ein Mindestmaß an Toleranz auch gegenüber politisch und religiös Andersdenkenden aufbringen kann.*

*Wer sich freilich im Besitz unabänderlicher Wahrheiten glaubt, dem fällt es natürlich schwer, ein breiteres Meinungsspektrum zu akzeptieren.*

*Als Schwager und Freund von Klaus Eichhöfer, dessen liberale Einstellung in diesen Fragen ich in vielen Jahren kennengelernt habe, fühle ich mich zu dieser Klarstellung verpflichtet.*

*Als Kronzeuge gegen seine liberale Grundeinstellung hätte er sich zu Lebzeiten schwerlich vorführen lassen.*«

Frankfurter Rundschau,
26. November 1987

Kein Zutritt
für:
hergelaufene
Schwule
Kritiker
Chaoten
Ungläubige
Zweifler
AIDS-Infizierte
selbständig
Denkende
Drewermänner
Aufmüpfige
...

## DYBA, WHO?

| | |
|---|---|
| Lebenslauf: | Dyba, Johannes |
| geb.: | 15.09.1929 in Berlin |
| Vater: | Felix Dyba, Studienrat |
| Mutter: | Johanna Dyba<br>geb. Brüll, Lehrerin |
| Familienstand: | ledig |

**Ausbildung:**
Katholische Volksschule Berlin-Tegel
Humboldt-Oberrealschule Berlin-Tegel
Gymnasium Heiligenstadt/Eichsfeld
Abschluß: Abitur 1947

Philosophie- und Jura-Studium in Bamberg, Durham/USA, Heidelberg
Abschluß: Dr. jur. 1954 (Thema der Dissertation: »Über den Einfluß des Krieges auf die völkerrechtlichen Verträge«)

Studium der katholischen Theologie in Bonn und Rom
Abschluß: Dr. jur. can. 1962 (Dissertation über das Kirchenrecht)

**Berufserfahrung:**

| | |
|---|---|
| 1949 | Redenschreiber im Bundestagswahlkampf |
| 1951-1952 | Pressesprecher des RCDS-Bundesvorstandes (CDU-nahestehende Gliederung für Studenten) |

| | |
|---|---|
| 1959 | Priesterweihe |
| 1959 -1960 | Kaplan in Wuppertal-Barmen |
| 1962 -1967 | Attaché im vatikanischen Staatssekretariat (1966 -1967 Leiter der Deutschen Abteilung) |
| 1967 -1977 | Vatikanischer Botschaftsangestellter in Buenos Aires, Den Haag, Kinshasa, Kairo |
| 1977 -1979 | Vizesekretär der Päpstlichen Kommission »Institia et Pax« |
| 1979 | Titularerzbischof von Neapolis |
| 1979 -1983 | Vatikanischer Botschafter an der Afrikanischen Pfefferküste, d.h. Apostolischer Pronuntius in Liberia und Gambia, Apostolischer Delegat für Guinea und Sierra Leone |
| seit 1983 | Bischof von Fulda |

Wie ein solcher Mann Erzbischof Fuldas werden konnte, erstaunt noch heute viele Hessen. »Wer ist Dyba?« haben sich 1983 auch die Katholiken gefragt, als nach elfmonatiger Vakanz der Oberhirte des Fuldaer Bistums vom Vatikan benannt wurde. Viele Namen von fortschrittlichen und konservativen Kirchenmännern wurden für die Nachfolge des im Juli 1982 zurückgetretenen Bischofs Eduard Schick gehandelt. Doch niemand nannte Dyba. So rief die Entscheidung von Papst Johannes Paul II., den in Afrika weilenden Diplomaten Johannes Dyba als 94. Nachfolger des Apostels Bonifatius zu ernennen, bei Insidern und in der Öffentlichkeit Erstaunen hervor.

Auf die Ernennung hatten die Fuldaer Katholiken keinen Einfluß.

Immer wieder wird beklagt, daß bis heute nicht Sachgründe, Kompetenz oder ein regionaler Beitrag für päpstliche Bischofsentscheidungen wirklich ausschlaggebend sind. Bedingungslose

Anhängerschaft zu Papst Johannes Paul II. und gute Kontakte zu den grauen Eminenzen um den Papst haben bei bedeutenden Personalentscheidungen ihr eigenes Gewicht. Und jedenfalls diese Kriterien erfüllt Dyba. Er liegt auf dem konservativen Kurs des Papstes und dank seiner Tätigkeit im Vatikan verfügt er über gute Verbindungen zu päpstlichen Beratern.

In der Wochenzeitung »DIE ZEIT« (Nr.49, 29.11.1991) äußert sich der Wiener Kardinal König zu diesem Thema wie folgt: »Bei umstrittenen Bischofsernennungen in Deutschland, Österreich und der Schweiz ... wurde in letzter Zeit in Rom oft die Meinung, das Votum der Ortskirche und ihrer Hirten nicht genug berücksichtigt. Es gab menschliches Versagen, auch Intrige, die – so sagt man – durch die Hintertür des Papstes eindrang.« Johannes Dyba: *»Die heute in der*

*Weltkirche gültige Weise der Bischofsernennung ist die Frucht jahrtausendealter Erfahrung und Entwicklung. Ihr dürfen wir vertrauen.«*

Für eine Karriere nach diesen Auswahlkriterien bringt Dyba die besten Voraussetzungen mit. Drei Jahre nachdem er 1959 in Köln zum Priester geweiht wurde, tritt er in den diplomatischen Dienst des Vatikans ein. Hier wird er 1966 Leiter der Abteilung für die deutschsprachigen Länder. Seit 1967 sammelt er Auslandserfahrungen als Botschaftsangestellter. Seine Stationen: Buenos Aires, Den Haag, Kinshasa, Kairo. Nach zehn Jahren kehrt er nach Rom zurück, um als Vizesekretär einer päpstlichen Kommission tätig zu sein.

Nach zwei Jahren schickt ihn Papst Johannes Paul II. als vatikanischen Botschafter an die afrikanische Pfefferküste. Er wird zum apostolischen Pro-Nuntius in Liberia und Gambia und zum apostolischen Delegaten in Guinea und Sierra-Leone ernannt. Verbunden damit ist die Weihe zum Titular-Erzbischof von Neapolis. Die nächste Entscheidung bringt ihn auf den Bonifatiusstuhl in Fulda.

Abtreibung führt zum Tod! Euthanasie führt zum Tod! AIDS führt zum Tod! Und Homosexualität führt auch nicht zum Leben!«

So glossierte der Neu-Fuldaer Peter Brieger in der Frankfurter Rundschau am 8.1.1992 Dybas Silvesterpredigt 1991. Der Psychiater wollte sich den berühmten Hirten selbst anhören und ging zum alljährlichen Höhepunkt der Dybaschen Endzeitvisionen. Sein erster Eindruck war allerdings eher Enttäuschung.

»Beim Einzug in den Fuldaer Dom war zwar großer personeller und materieller Aufwand geboten – eine monumentale Orgelimprovisation, zahllose Meßdiener, Konzelebranten verschiedenster Nationalitäten, Domherren, alle in vollem Ornat. Dyba selbst war an Mitra und Bischofsstab zu erkennen, aber hinter dem pompösen Äußeren verbarg sich ein eher kleiner Mann in gebeugter Haltung. Da war nichts von der Ausstrahlung des publicitygewohnten, fundamentalistischen Rechtsaußen der katholischen Kirche zu verspüren, der sich sonst so wirkungsvoll in Szene zu setzen weiß. Auf den ersten Blick wirkte er ängstlich.

Aber dann beginnt er in langsamer, überdeutlich artikulierender Sprache zu predigen, auf dem Kopf thront immer noch die Mitra, dabei hält er sich am Bischofsstab fest. Unvermittelt schreit er ins Mikrofon, so daß sich ältere Gottesdienstbesucher verschreckt die Ohren zuhalten; im nächsten Moment flüstert er beschwörend. Die Geschwindigkeit seiner Worte schwankt zwischen rasend schnell und unerträglich langsam, Sätze werden zerdehnt, um sich dann zu überschlagen. Da spricht ein getriebener, einer der sich als Prophet in der Wüste versteht.

Beklemmend entwirft er dämonische Szenarien eines Mitteleuropas, das von AIDS, Abtreibung und Euthanasie entvölkert ist. Die Protagonisten der sexuellen Revolution, die vor zehn Jahren ihr Unwesen getrieben hätten, lägen heute ›*in den Leichenhallen von San Fran-*

*cisco, London, Amsterdam oder New York*‹. Seine Sprache ist bilderreich, sein Redestil weiß sich der Aufmerksamkeit seiner Zuhörer zu versichern. Einige Gottesdienstbesucher verlassen demonstrativ den Dom, Unmutsäußerungen der Gläubigen sind immer deutlicher zu vernehmen, selbst im Domchor, der den Gottesdienst umrahmt, werden halblaute Diskussionen geführt. ›Ich singe nicht mehr, wenn der Dyba predigt‹, murmelt eine Sängerin.

Besondere Erregung befällt seine Stimme, wenn er sich zu den zwei Themen äußert, um die sich das Denken des Dr. Dyba ständig zu drehen scheint: Abtreibung und Homosexualität. Immer wieder kehrt er zu ihnen zurück, bei seinen zahlreichen Seitenhieben gegen Homosexualität schwingt süffisante Ironie mit, dagegen erfüllt ihn der Gedanke an Abtreibung offensichtlich mit tiefer Abscheu und Entsetzen.

Dann finden sich noch, wobei der Kontext mir nicht immer ganz klar wird,

Gedanken zur ›Tagespolitik‹. Beispielsweise wird gegen die pluralistische Gesellschaft gewettert, in der jeder tun und lassen könne, was er wolle. Oder er warnt vor dem Schreckgespenst, die Bundesrepublik Deutschland könne sich eine Verfassung geben, die sich in der Präambel nicht auf Gott, sondern auf irgendwelche *›vagen humanistischen Ziele‹* bezieht.

Nach Ende der Predigt herrscht eisige Stille im Dom, die Eruption von Haß und Untergangsstimmung der letzten zwanzig Minuten, die Lautstärke und Intensität des Redestils haben alle gelähmt. Der Domorganist versucht mit einer lieblichen Improvisation die Wogen zu glätten, doch der Auftritt, der an fundamentalistische amerikanische Fernsehevangelisten erinnert, hinterläßt eine bedrückende Atmosphäre. Der Abschlußsegen ist später auf Latein, da ist kein guter Wunsch oder kein persönliches Wort zum neuen Jahr auf Deutsch zu vernehmen.«

In Fulda tritt Johannes Dyba in große Fußstapfen. Er ist der 94. Oberhirte von Fulda und Nachfolger des Apostels Bonifatius. Dieser hatte in dem weltverlassenen Waldgebiet mitten unter den heidnischen Völkern des Hessengaus, des Grabfeldes, des Saalegaus und der Wetterau 744 das Kloster Fulda gründen lassen. Bonifatius, der Apostel der Deutschen und der Schutzpatron der Bierbrauer, Feilenhändler und Schneider fand zehn Jahre später, nachdem er von heidnischen Friesen erschlagen wurde, eine letzte Ruhestätte in Fulda.

Bonifatius' Grabstätte und sein Ruhm bilden die Grundlage des Fuldaer Katholizismus. Die höhere Weihe des seit 1200 Jahren toten Apostels verhilft dem Fuldaer Bischof immer wieder zu neuer Autorität, auf die er sich gerne beruft.

Doch nicht nur im Amt scheint sich Johannes Dyba als Nachfolger des Bonifatius zu fühlen. Auch in seiner missionarischen Art zur Bekehrung der »Einheimischen« lassen sich Parallelen zum Apostel der Deutschen aufzeigen. Dabei ist Angst vor Gott sein größter Zuchtmeister. Gerade aus Afrika nach Fulda gekommen, diagnostiziert er im ersten Interview für die Fuldaer Zeitung:

»*Man hat die Sünde mehr oder weniger vergessen, man hat Angst vor allem Möglichen, vor Schemen und Schimären aller Art, aber man hat keine rechte Gottesfurcht mehr. Die Angst, die man haben darf – die wahre Gottesfurcht – ist ja fast ausgestorben. Insofern glaube ich, daß wir den Menschen zeigen müssen, daß es nicht so sehr darum geht, was die Menschen wollen und was die Menschen jetzt für richtig halten, sondern daß wir herausfinden, auch in unserer Zeit, was Gott will. Aber da Gott ja unser eigenes Glück und unsere eigene Vollendung will, brauchen wir vor dem Willen Gottes keine Angst zu haben.*«

Dyba schwört auf den Rachegott, den Übervater, der seine ungehorsamen Kinder straft, der Angst und Schrecken bereits im Diesseits verbreiten kann.

Alles nach dem Motto »Heilen durch Strafe«:

*»Für uns erhebt sich die Frage: Gibt es Strafen Gottes schon in der Zeit unseres irdischen Lebens? Aus Schrift und Tradition ergibt sich eine dreifache Antwort.*

*1. Für die Heilige Schrift, zumal des Alten Testaments, ist es keine Frage, daß Gott schon in diesem Leben in vielfacher Weise lohnt und straft. Von der Vertreibung aus dem Paradies bis zur Sintflut, vom Turmbau zu Babel bis zum Untergang von Sodom und Gomorra – wo immer sich die Menschen gegen Gott und seine Gesetze kehren, trifft Bestrafung ein. In der Geschichte des Volkes Israel ist es eine ständig wiederkehrende Erfahrung: Das Volk wird feist und fett und stürzt in Götzendienst und Unzucht, der Herr bestraft es; das Volk bekehrt sich, und Gott schenkt ihm Heil und Zukunft. Im Psalm 94 heißt es: ›Begreift doch, ihr Toren im Volk! Ihr Unvernünftigen, wann werdet ihr klug? Sollte der nicht strafen, der die Völker erzieht, er, der die Menschen Erkenntnis lehrt?‹ Insofern ist es also schon berechtigt und sinnvoll, von Strafen Gottes zu sprechen.*

*Nur darf man Strafen Gottes heute nicht in der Form spektakulären übernatürlichen Eingreifens erwarten. In der Regel genügt es, wenn Gott seinen Naturgesetzen ihren Lauf läßt …*

*2. So richtig es also ist, daß es Strafen Gottes gibt, so unmöglich ist es aber auch für den Menschen, den Finger zu heben und im einzelnen Fall zu bestimmen, ob hier eine Strafe vorliegt. Es gibt ja auch viel unverschuldetes Leid, Prüfungen und Heimsuchungen Gottes, die sich unserem Urteil entziehen. So sagt der Herr zu einem Kranken: ›Weder er noch seine Eltern haben gesündigt …‹, zu einem anderen aber: ›Du bist jetzt gesund geworden; sündige nicht mehr, damit dir nicht noch Schlimmeres zustößt (Joh. 5,14).‹*

*Ob ein Unglück oder Leid als Strafe Gottes aufgefaßt werden muß, kann eigentlich nur vom Betroffenen selbst in seinem Innersten erfaßt werden, davon gibt das ganze Buch Hiob beredtes Zeugnis.*

*3. Schließlich aber sind Strafen Gottes nicht heillose Racheakte, sondern Ausdruck eines tiefsten Heilswillens. ›Wen der Herr liebt, den züchtigt er, wie ein Vater seinen Sohn, den er gern hat (Spr. 3,12).‹ Denn Gott ruft durch die Strafe zu Einsicht und Bekehrung des sündigen Menschen.«*

Und noch eine apokalyptische Strafvision aus dem alljährlichen Horrorhöhepunkt, der Silvesterpredigt 1988. Die Fuldaer Zeitung berichtet am 2.1.1989 darüber:

»Angesichts heutiger moderner Technologien und der Katastrophen, so betonte der Erzbischof zu Beginn seiner Ansprache, hätten viele Menschen Angst vor der Zukunft. Doch sei diese Angst in Wirklichkeit gar keine Furcht vor der Zukunft, sondern vielmehr vor dem Fortschritt. Den Menschen graue es heute vor dem, was sie vor Generationen noch für das ›Non plus Ultra‹, ja das Paradies gehalten haben. Den Grund dafür sah der Oberhirte vor allem in der Tatsache, daß sich hier eine Entwicklung abzeichnet, ›*die sich vom Schöpfer abgekoppelt hat*‹. Dieser Abfall von Gott mache den Fortschritt in Menschenhänden zur ›*tödlichen Waffe*‹. Denn ein von Gott losgeketteter Mensch stürze unwillkürlich in die Unmenschlichkeit. Beweise dafür seien in der Geschichte genug zu finden, meinte Dyba, und verwies auf die Französische Revolution, den Kommunismus und den Nationalsozialismus. Der Erzbischof wörtlich: ›*Sobald sich die Menschen von Gott befreit haben, haben sie im Namen der Freiheit systematisch ihre Mitmenschen gemordet.*‹«

Abtreibung führt zum Tod! Euthanasie führt zum Tod! AIDS führt zum Tod! Und Homosexualität führt auch nicht zum Leben! Zum Jahresabschluß greift der Erzbischof von Fulda zu grellen Farben, um ein apokalyptisches Gemälde unserer Zeit zu entwerfen.

Die moderne Geißel Gottes hat natürlich für Dyba auch einen Namen: AIDS. Homosexualität, diese in den Augen des katholischen Bischofs »*menschenunwürdige Praktik*«, »*widernatürliche Unzucht*«, »*entehrende Leidenschaft*«, »*widernatürliche Verirrung*« wird mit der Seuche AIDS bestraft.

»*Im Zusammenhang mit der AIDS-Seuche ist heftig darum diskutiert worden, ob es sich dabei wohl um eine Strafe Gottes handelt. Während die einen AIDS als eine natürliche Strafe Gottes für den zügellosen Sittenverfall unserer Zeit, insbesondere für die menschenunwürdigen Praktiken widernatürlicher Unzucht ansehen, berufen sich andere auf Gutachten moderner Theologen, nach denen es mit der Güte und Menschenfreundlichkeit Gottes unvereinbar sei, von Strafen Gottes zu sprechen.*«

»*So ist vielleicht auch der Ausbruch von AIDS ein Zeichen dafür, daß Gott den Menschen unserer Tage in seiner Verirrung nicht aufgibt, sondern ihn auf dramatische Weise zurückruft zur Würde der Liebe.*

*Unsere Vorfahren haben die ›Geißeln Gottes‹ stets als Aufruf zur Umkehr aufgefaßt. Viele jahrhundertealte Wallfahrten geben davon Zeugnis. Begreifen auch wir die Zeichen der Zeit? Zeichen der Umkehr!«*

Christliche Nächstenliebe hin, Vergebung her – wenn Gott erst einmal straft, gibt es für Dyba keine Rücksicht mehr. Entfesselt geht er gegen eine AIDS-Gruppe vor, die anderer Meinung ist als er.

»Kommt herbei, singt dem Herrn« klingt aus den Kehlen der Gläubigen, die sich zum Schlußgottesdienst der Bischofskonferenz 1991 im Fuldaer Dom versammelt haben. In diesem Augenblick öffnen sich die Portale und zehn Mitglieder der AIDS-Initiative »Act up« folgen dem Ruf mit Trillerpfeifen und Transparenten (»Die Kirche geht über Leichen«), um gegen die kirchliche

AIDS-Politik zu protestieren. Auf dem Domplatz haben sich noch drei Dutzend weitere Demonstranten versammelt.

Im Dom kommt es beiderseits zu Rangeleien und Beleidigungen, Ordner und Polizei setzen die Demonstranten unsanft wieder vor die Tür.

Der Erzbischof ist erregt und greift zur Feder. Im Bistumsblatt »Bonifatiusbote« zieht er über »*diese Formation aggressiver und zumeist HIV-infizierter Homosexueller*« unter der Überschrift »*Entfesselt*« her. In einem Rundumschlag verurteilt er das Kasseler Verwaltungsgericht, das die Demonstration gegen kirchlichen Einspruch erlaubt hat, bezichtigt die Fuldaer Zeitung des »*Provinzpossen*«-Journalismus, da sie angeblich »*hämisch*« über ihn berichtet habe und urteilt über die Stadt Fulda, daß sie ohne die katholische Kirche nur ein »*mitteldeutsches Provinzstädtchen*« sei.

Doch diesmal hat der Erzbischof die Treue seiner Fuldaer Schäfchen überschätzt. Es kommt zu einer »recht ungewöhnlichen schwulenfreundlichen Schutzkoalition vom CDU-Oberbürgermeister bis zur biederen Lokalzeitung« (DIE ZEIT).

Die Fuldaer Zeitung antwortet in einem »offenen Brief« und fragt den Erzbischof, »ob nicht Toleranz und Versöhnung Ihr Handeln bestimmen müßte« und »ob der Bischöfliche Stuhl für sich einen kritikfreien Raum beanspruchen oder Kritik als Unbotmäßigkeit betrachten kann«. Und dann erteilt das an sich kirchenfreundliche Blatt dem Bischof eine Nachhilfestunde in Nächstenliebe: »Ein Oberhirte muß sich auch an seinen Worten messen lassen. Selbst wenn er Homosexualität mit seinen Moralvorstellungen nicht vereinbaren kann, hat er gerade als Bischof kein Recht, Demonstranten auf dem Domplatz als ›*hergelaufene Schwule*‹ zu diskriminieren, wie Sie es im Bonifatiusboten tun.

Selbst ›entfesselt‹ sollte sich ein Bischof auf die Worte Jesu besinnen:

›Was ihr den geringsten meiner Brüder getan habt, das habt ihr mir getan.‹ Zu ihnen zählen gewiß auch HIV-Infizierte und Randgruppen. Gerade die Schwächsten unserer pluralistischen Gesellschaft müßten sicher sein können, daß auch sie in der katholischen Kirche eine Heimat haben.«

Dem Erzbischof haben seine Äußerungen eine Strafanzeige durch die AIDS-Initiative »Act up« wegen »Beleidigung, übler Nachrede und Verleumdung« eingebracht.

»... Hunderttausende von unschuldigen Kindern werden jedes Jahr im Mutterleib zerfetzt – finanziert wird dieser Massenmord durch unsere öffentlichen Kassen.«

Weder originell noch neu sind die Aussagen und Vergleiche Dybas zur Abtreibung. Doch sie sind nach wie vor geschmacklos. Bereits Ende 1979 verwahrte sich der ehemalige Justizminister und Katholik Hans-Jochen Vogel in einem offenen Brief an Kardinal Höffner gegen den Vorwurf, Abtreibung sei Mord in Massen. »Den Vorwurf, ich trage für Massenmord Mitverantwortung, weise ich von mir. Er ist ungerecht und unerträglich.« Und das bleibt er auch Jahre später, wenn der Fuldaer Erzbischof zum wiederholten Mal in das alte kirchliche Horn bläst.

»*Sehen Sie, wir haben doch heute allgemein mehr Verständnis für das Recht auf Leben, wenn wir an Natur und Umwelt denken. Man schont jetzt die Robbenbabys und... es scheint so, daß die Grünen vor jedem Tümpel mit Froschlaich eine Mahnwache aufstellen wollen. Nur die Menschenkinder dürfen ohne weiteres im Mutterleib geschlachtet werden, um dann in*

*Plastikeimern auf den Müll zu wandern.«*

Abtreibung wird zur »*Schlachtung*«, zur »*Zerstückelung von Kindern*«, zum »*Zerfetzen im Mutterleib*« und schließlich zum »*Kinder-Holocaust*«. Dyba kennt keine Grenzen mehr, vergleicht die Abtreibung mit der Massentötung in nationalsozialistischen Konzentrationslagern.

»*Die Todesfabriken von heute haben mit denen der Vergangenheit eines gemeinsam. In ihnen wird eine institutionalisierte Massentötung unschuldigen Lebens, das uns nicht paßt, vollzogen.*« Die Indikationen des §218 vergleicht er mit den Selektionen in den Konzentrationslagern: »*Man muß sich fragen, ob wir nicht sehr nahe an unsere eigene Vergangenheit herankommen und ob wir uns mit unseren über Leben und Tod entscheidenden ›sozialen Indikationen‹ nicht ganz bedenklich den Selektionen einer vergangenen Epoche nähern.*«

Eine Frau, die aus einer sozialen Notlage heraus, unter hoher seelischer Belastung, ein Kind abtreibt, handelt nach Dyba nicht anders als ein SS-Scherge, der einen Juden in die Gaskammer schickt.

Verwundert fragte die Journalistin Luc Jochimsen bereits 1980: »Das lassen sich Frauen sagen, gefallen?«

Dybas Äußerungen stoßen in der gesamten Bundesrepublik auf Ablehnung: In einem Kommentar der in München erscheinenden Süddeutschen Zeitung vom 25.07.1988 heißt es:

»Wenn zwei sich streiten, fallen kräftige Worte. Zumal im politischen Streit. Längst haben wir uns daran gewöhnt, es nicht so genau zu nehmen mit dem Kampfvokabular des politischen Geschäfts. Aber bei dem bösen Wort vom ›*Kinder-Holocaust*‹, das der Fuldaer Erzbischof Johannes Dyba in der Abtreibungsdebatte benutzte, kann nicht weggehört werden. Schließlich ist diese Entgleisung weder zufällig noch einmalig. Gezielt ziehen die Gegner des Paragraphen 218 in den letzten Monaten die Schraube an: Das Wort ›Tötung‹ (immerhin dem Tatbestand mehr angemessen als das verharmlosende ›Schwangerschaftsunterbrechung‹ auf der anderen Seite) wurde ersetzt durch die Alarmvokabel ›*Mord*‹ (was ein Schwangerschaftsabbruch nicht ist) – und nun durch ›*Holocaust*‹. So ist jetzt auch hier die höchste Stufe der Verbaleskalation erreicht. Die in den meisten Fällen höchst schmerzliche (und keineswegs leichtfertige), unter tausend Skrupeln getroffene persönliche Entscheidung einer Frau, ein Kind nicht auszutragen, setzt Dyba gleich mit dem fabrikmäßig betriebenen Massenmord – das ist eine Beleidigung vor allem für die Millionen Menschen, die dem Massenwahn der Deutschen zum Opfer gefallen sind und nun benutzt werden für den ideologischen Kleinkrieg. An dem Skandalon der hohen Abtreibungszahlen in der Bundesrepublik jedenfalls – und das weiß auch Erzbischof Dyba – wird sich mit Worten allein wenig ändern. Da hätte er schon eher eine Lippe gegen das päpstliche Verdikt der Geburtenplanung riskieren sollen.«

Am 28. Dezember 1988 stimmen alle Glocken im Bistum Fulda zu einem Trauergeläut für die Abtreibungsopfer am katholischen »Fest der unschuldigen Kinder« an. Das Glockengeläute trifft jedoch nicht auf uneingeschränkte Zustimmung.
So schreibt der DGB-Landesvorsitzende Karl-Heinz Jungmann in einem Brief an Dyba: »Bei all Ihrem Engagement für das ›ungeborene Leben‹, das die Gewerkschaften im übrigen ebenfalls unterstützen, vermissen wir jedoch Ihr Verständnis für die Frauen, die durch eine unge-

wollte Schwangerschaft in Gewissenskonflikt geraten und in vielen Fällen in ihrer Not allein gelassen werden ... Wer wirklich Leben schützen will, muß andere Wege gehen als die der öffentlichen Anklage und Zurschaustellung von Trauer.« Wer Leben schützen wolle, so der DGB, müsse dazu beitragen, daß die gesellschaftlichen Voraussetzungen für eine angstfreie Zukunft in einer menschengerechten Umwelt geschaffen werden.

Für den Erzbischof ist der DGB allerdings kein Gesprächspartner in Fragen des § 218. »*Über Dinge, die die weltanschauliche Freiheit, die religiöse Überzeugung und das Gewissen betreffen, haben Einheitsgewerkschaften keine Beschlüsse zu fassen. Dazu fehlt ihnen das Mandat, dazu fehlt ihnen die Kompetenz.*«

Seit seinem Amtsantritt widmet sich der Fuldaer Oberhirte einem Thema intensiv: Die Rolle der Frau in Kirche und Gesellschaft. Und selbstverständlich gibt es für Dyba eine »*natürliche Rolle*«, in der die Frau glücklich werden kann.

Diese findet sich in der marianischen Dimension. »*Hier können die Frauen sehen, wie ein Mensch sein kann, der sich voll und ganz auf den Heiligen Geist einläßt. Hier können die Katholikinnen viel mehr und viel Größeres finden und besitzen, als in täglichen Forderungen erreichbar sein kann.*«

Sein Verhältnis zu Frauen läßt sich gut an einem Streit mit der katholischen Frauenzeitung »Frau & mutter« aufzeigen.

Als die Katholische Frauengemeinschaft Deutschlands (KFD) die graphische Gestaltung des Titels ihrer Mitgliederzeitschrift in »Frau & mutter« ändert, erregt sich Dyba. In einem Artikel mit der Überschrift »*mutter klein geschrieben*« klagt der Erzbischof in seinem Bistumsblatt »Bonifatiusbote« über die neue Schreibweise.

*»Seit der Januarnummer dieses Jahres 1988 ändert sich der Titel ... von ›Frau und Mutter‹ in ›Frau & mutter‹. Richtig: Frau groß, Mutter klein, und dazwischen statt des verbindenden ›und‹ das geschäftsmäßige ›&‹. Das kleine m ist nicht nur ein orthographischer Fehler, sondern bewußte Richtungsanzeige, über die sich unsere Frauen und Mütter doch einmal Gedanken machen sollten.*

*In einer Zeit, da in unserem Volk jedes dritte Kind im Mutterschoß umgebracht wird, da wir Christen in großer, gemeinsamer Anstrengung versuchen, dem Leben eine Chance zu geben – wird bei uns ›mutter‹ kleingeschrieben... die Mütterlichkeit gehört zur Wesensbestimmung der Frau, und wo sie nicht zur Entfaltung und Vollendung kommen kann, da beginnt seelische Verkrüppelung, da beginnt Degeneration in Kirche, Kultur und Volk.«*

Abschließend appelliert der Erzbischof an »*alle Frauen, nicht auf das Trittbrett des Zeitgeistes zu springen*« und »*sich zu wehren*«.

Ironie am Rande: In der graphischen Darstellung zuvor schrieb die Redaktion alle drei Wörter klein: »frau und mutter«.

Beim Hambacher Disput 1986 läßt sich Erzbischof Dyba über die Gleichberechtigung von Mann und Frau aus. 154 Jahre sind seit dem Hambacher Fest, bei dem sich Liberale an dieser Stelle trafen, um sich zu den Ideen der Freiheit, auch der Freiheit der Frau, zu bekennen, vergangen. Von diesem historischen Ort aus bläst Dyba in das Horn der Restauration.

Für ihn ist Gleichberechtigung von Mann und Frau ein böser Traum. Theologie aus weiblicher Sicht, »*feministische Theologie gar*«, gebe es nicht. Weiblicher Gottesbegriff und Katholische Kirche widersprechen sich, da »*können sie (die Frauen) nicht in das Credo der katholischen Kirche ›im Namen des Vaters und des Sohnes und des Heiligen Geistes‹ einstimmen*«. Und auf seine Art kann Dyba dies auch begründen, denn »*wollen sie beten ›im Namen der Mutter, der Tochter..?*‹«.

Das Stirnrunzeln des praktizierenden Katholiken und Schirmherrn, des damaligen Ministerpräsidenten von Rheinland-Pfalz, Bernhard Vogel, beflügelt den Erzbischof zu einem demokratietheoretischen Ausflug über die Struktur der Kirche.

»*Gott hat die Kirche von oben gegründet und ihr eine hierarchische Struktur gegeben.*« Kircheninternen Kritikern und feministischen Theologinnen kann Dyba auf Grund seiner hierarchischen Stellung die Richtung weisen, denn »*wenn Sie eine Kirche suchen, mit Göttinnen oder gar Demokratie, dann müssen Sie sich eine andere Kirche suchen*«.

Während der Krise am Golf wird Erzbischof Dyba als neuer katholischer Militärbischof eingeführt. Schon als ziviler Bischof hat er sich gerne mit Panzern über Truppenübungsplätze fahren lassen. Gerne, so verlautet aus seiner Umgebung, wäre er auch Soldat geworden.

Der Golfkrieg ermöglicht Dyba, eine neue Marschrichtung in der Militärseelsorge einzuschlagen. Der Bundesregierung rät er zu »Out of area-Einsätzen«. »*Wenn wir wirklich zu einer internationalen Solidarität kommen, die solche Gewaltmenschen oder Verursacher von Blutbädern in ihre Schranken weist, auch mit Mitteln, also mit gemeinsamem Einsatz, dann wird sich da die Bundeswehr meiner Meinung nach nicht ausschließen können*«. Wir Deutschen, so Dyba, sollten »*weder die Knobelbecher noch die Heulsusen Europas*« sein.

Und mit eiserner Konsequenz wirkt der Militärbischof auf die Willensbildung der Deutschen Bischofskonferenz ein. Die Welt am 10.10.1991 dazu: »Im Juli [1991] gab er preis, welche Verdienste er sich bei der Formulierung der Stellungnahme der Deutschen Bischofskonferenz zum Golfkrieg erworben habe, in der zu ›tätiger Solidarität mit der Völkergemeinschaft in der Verteidigung einer gerechten internationalen Ordnung‹ aufgerufen wurde: ›*Wir haben einige Mitbrüder aufgefangen, die in Blut und Öl ausgeglitten waren.*‹ Zumindest der Limburger Bischof Franz Kamphaus hatte zu diesem Zeitpunkt noch der These von der Unausweichlichkeit des Krieges am Golf widersprochen. Kamphaus: ›Unausweichlich ist ein Krieg nicht. Ein Krieg bricht nicht einfach aus, er wird von Menschen begonnen, das ist ein großer Unterschied.‹ Das war dem obersten Militärgeistlichen zuwenig, obwohl sich Kamphaus und die ihn unterstützenden Bischöfe näher an der Linie des Papstes bewegten, der dem Waffengang am Golf mit Skepsis begegnete.«

Göttlicher Wille und somit auch ohne Angst zu betrachten: die Nuklearenergie. Bei einem Besuch der Reaktor-Brennelemente-Fabrik Alkem und RBU in Hanau (heute Siemens-Brennelemente-Werk) ist Dyba eindeutig dafür, die »*friedliche Nutzung der Atomenergie weiter auszubauen und sie auch den Entwicklungsländern zugänglich zu machen*«. Damit liege der Weg klar vor, nämlich »*Fortschritt in Sicherheit*«.

Es war ein demonstrativer Besuch: Wenige Monate nach dem Tschernobyl-Unglück will der Erzbischof den Mitarbeitern zur Seite stehen, die »*jahrzehntelang im vollen Bewußtsein ihrer Verantwortlichkeit die friedliche Nutzung der Atomenergie entwickelt haben*«.

Wenig später wird bekannt: Aus Nuklearanlagen und unter Mitwirkung von Mitarbeitern aus Nuklearbetrieben sind Atom-Abfälle über die Grenze hin- und hergeschoben und Bestechungsgelder gezahlt worden. Gegen Mitarbeiter dieser Firmen wird ermittelt, später werden Haft- und Geldstrafen verhängt. Von Dyba ist keine Stellungnahme zu hören.

Der Bischof, der in seiner Jugend für die Union und die Studentenorganisation RCDS aktiv war, bleibt sich treu. Kurz vor der hessischen Kommunalwahl 1989 ruft er zur Wahl einer »*Christlichen Mehrheit*« auf. Und der Erzbischof plädiert für eine Wahlrechtsänderung. Dyba sieht in dem derzeit geltenden Wahlrecht einen wichtigen Grund dafür, daß eine Mehrheit von Christen in der Bundesrepublik »*nicht in der Lage ist, den elementarsten christlichen Grundsätzen Geltung zu verschaffen*«. Der Blick auf die 40jährige Geschichte der Bundesrepublik und die FDP zeige, daß rund sechs Prozent der Wähler ständig bestimmen könnten, wer regieren dürfe. Die FDP sei eine »*Fünf-Prozent-Partei, die wie Eintagsfliegen ihre Fleckchen auf altes fuldisches Porzellan setzen, die man aber bei der nächsten Wahl wieder abwischen kann*«. Dybas »Wahlhilfe« entwickelt sich aber zu einem Rohrkrepierer für die CDU. Erstmals seit 1946 verliert sie in ihrer Hochburg Fulda die absolute Mehrheit.

*Dankbarkeit hält gesund, nicht aber das unablässige Murren und Nörgeln, das auch bei Christen schon zu einer neuen Grundeinstellung geworden ist. Kritik und Unzufriedenheit läutert weder den Menschen noch die Gemeinde, sondern macht krank. Ich glaube, viele Magengeschwüre, Verstopfung und Schmerzen aller Art sind auf diese falsche Grundeinstellung zurückzuführen.*«

Dyba predigt das nicht nur.

Albin Kiel ist der katholische Pfarrer in Gersfeld, einer protestantischen Enklave im Landkreis Fulda. Er vertritt eine fortschrittliche Linie in der katholischen Kirche, hält Bußandachten, die von Dyba wegen ihres kollektiven Charakters bekämpft und verurteilt werden. Kiel möchte im protestantischen Gersfeld auch ökumenische Gottesdienste abhalten. Dies stößt im Fuldaer Bischofshaus auf Ablehnung. Die Frankfurter Abendpost berichtet dazu: »Diese fortschrittliche Richtung war allerdings dem konservativen Erzbischof Johannes Dyba, in der etwa 30 Kilometer entfernten Barockstadt Fulda zu Hause, ein Dorn im Auge... Der Erzbischof wetterte gegen diese Andachten und unterstrich immer wieder, daß nur die Ohrenbeichte gültig sei. Noch am Donnerstag griff der Erzbischof bei einer Predigt den ungeliebten Pfarrer wieder heftig an. Und auch andere kirchliche Würdenträger machten Front gegen den Mitbruder. Albin Kiel begeht in der Nacht zum Karfreitag 1986 Selbstmord. Das führt zu einer öffentlichen Debatte um die starre Haltung des Erzbischofs. Der Gersfelder Pfarrgemeinderat sah sich veranlaßt zu erklären: »Es kann keine Rede davon sein, daß die Gemeinde den Tod ihres Pfarrers in irgendeinen Zusammenhang mit dem Erzbischof bringt.«

Ein Jahr später wirft der Frauenseelsorger der Diözese Fulda, Dr. Konrad, das Handtuch. Dr. Konrad begründet seinen Rücktritt in einer Erklärung:

»Vor ungefähr einem Jahr plante ich für das Frauenreferat eine Veranstaltung. Dazu wollte ich den Referenten für die Frauenseelsorge bei der Deutschen Bischofskonferenz, Herrn Weihbischof Gutting, einladen; dieser hatte seine Zusage bereits gegeben. Auf Anraten meines Vorgesetzten bat ich unseren Erzbischof um Genehmigung. Als ich den Namen Gutting nannte, ging eine fürchterliche Beschimpfung über mich nieder. Die Ausdrücke ›dieser Schwätzer‹, ›dieser Büttenredner‹, ›der kommt mir nicht in die Diözese‹, haben mir damals buchstäblich die Sprache verschlagen.«

Dr. Konrad äußert sich zu den kircheninternen Verhältnissen in Fulda. Seine Erklärung bietet einen einmaligen Einblick in die Machtstrukturen und in die persönlichen Schwächen des »Vorgesetzten« Dyba.

»Der Erzbischof hat sich viele Male und immer sehr dezidiert und öffentlichkeitswirksam über Frauenfragen geäußert. Mit mir hat er niemals ein Gespräch über solche Fragen geführt, ebensowenig wie über meine Tätigkeit und meine Erfahrungen in der Frauenseelsorge.«

Weiter heißt es: »Eng mit diesen und ähnlichen Vorkommnissen hängt das allgemeine Phänomen einer Angst zusammen, unter der sicher nicht nur ich in der Diözese leide, die Angst nämlich, ja nicht mit dem Erzbischof in Konflikt zu kommen. Es ist eine Angst, die die Arbeit spürbar lähmt, die die allgemeine Atmosphäre belastet, viele Kräfte absorbiert und nicht zuletzt die Freude an der Arbeit trübt. Ich möchte das an einem Punkt erläutern.

Schon seit Jahren fühle ich mich vielen Frauen gegenüber verpflichtet, einmal eine Tagung mit dem Thema ›Was heißt feministische Theologie?‹ zu veranstalten. Daß ich eine solche Veranstaltung nicht gemacht habe, hängt mit dieser Atmosphäre der Angst zusammen, ja nicht mit dem Erzbischof in Konflikt zu geraten. Nachdem der Erzbischof nämlich zu wiederholten Malen in der Öffentlichkeit in aller Deutlichkeit seine Verurteilungen gegen die feministische Theologie ausgesprochen hat (sie gipfelten in den Vorwürfen ›Tendenz zur Gotteslästerung‹ und ›Verrücktheiten‹), steht jeder Versuch, sachlich zu informieren, möglichst emotionsfrei zu diskutieren und zu einem differenzierten Urteil zu kommen, selbst schon in der Gefahr, unter das bereits gefällte Urteil der Gotteslästerung zu fallen. Eine Verurteilung durch den Erzbischof wie die genannte schaffte unter den Frauen einerseits eine Polarisierung, die nur schwer abzubauen ist, und andererseits spüren viele Frauen deutlich diesen Druck, unter dem kirchliche Mitarbeiter stehen, und der eine freie Meinungsbildung und eine eigene Meinungsäußerung kaum noch möglich macht.«

Verbrennt Eure Papiere und tuet Buße« – unter diesem Motto kann der Konflikt Dybas mit der katholischen Kirchen-Jugend zusammengefaßt werden.

Verärgert ist er über deren Jugendfunktionäre, die »*schwer milieugeschädigt*« sind. »*Sie sind geschädigt von dem Milieu, das sich in den letzten anderthalb Jahrzehnten in unseren Schulen und Hochschulen breitgemacht hat und das doch sehr einseitig bestimmt war von Problembewußtsein und Kritik, von Pessimismus und Neomarxismus.*« Die Spitze der KJG (Katholischen Jungen Gemeinde) sei beherrscht von »*Grünen, Linken und kirchenfeindlichen Ideologen*«. »*Die spucken doch dauernd Gift und Galle gegen die Kirche mit ihren Programmen, die alle von den Grünen abgeschrieben sein könnten.*«

Die Jugendverbände KJG, BDKJ (Bund der Deutschen Katholischen Jugend) und CAJ (Christliche Arbeiterjugend), die Dyba in seine Kritik einbezieht, trifft der Bann des Bischofshauses. So werden der Fuldaer CAJ 1986 die Zuschüsse mit der Begründung verweigert, sie sei »*politisch einseitig*«. Der vor allem in der Arbeitslosen-Betreuung tätige Verein erhält keine Sachkostenzuschüsse mehr sowie kein Geld mehr für eine hauptamtliche Referentin.

Der Grund: Die CAJ-Diözesansekretärin aus Fulda hatte es gegen den ausdrücklichen Wunsch Dybas gewagt, einen für ihre Arbeit notwendigen Kurs bei der CAJ-Bundesleitung zu besuchen.

Der CAJ zum Verhängnis geworden ist auch die Grundsatzerklärung des Internationalen CAJ. Mit Zitaten aus dieser durch den Geist der lateinamerikanischen Befreiungstheologie geprägten Erklärung belegt der Erzbischof die »*zunehmend einseitige Politisierung*« der CAJ.

Unbeirrt bleibt Dyba auch nach den Versicherungen der CAJ, daß der deutsche Verband sich bei der Verabschiedung dieses Papieres der Stimme enthalten habe und daraufhin zeitweise aus dem Weltverband ausgeschlossen wurde. Der Fuldaer CAJ kann Dyba direkt keine Vorwürfe machen, dennoch wird die Unterstützung aus dem prall gefüllten Bischofssäckel zusammengestrichen.

Den »*Traum einer christlichen Utopie*« zeigt der Erzbischof den Jugendverbänden auf: »*Daß wir nämlich all die Tonnen schwerverständlicher Papiere zusammenpacken und damit ein Freudenfeuer entflammen, dann Zeit haben, einen ganzen Tag lang durch die Hohe Rhön zu wandern, um einen freien Kopf zu bekommen, und dann in einer nächtlichen Sühnewallfahrt am Bonifatiusgrab erscheinen, um uns vom Pfingstgeist anrühren zu lassen, der da sagt: ›Seht, ich mache alles neu‹.*«

Dennoch können die Katholischen Jugendverbände froh sein: Es hätte schlimmer kommen können. Beim Wettrennen um das Amt des Deutschen Jugendbischofs unterlag Dyba 1986 dem

Limburger Bischof Franz Kamphaus. Mit dem Fuldaer Erzbischof hätte die Bischofskonferenz den Bock zum Gärtner gemacht.

Mit dem Ausruf »*Die vierte Gewalt*« stürzt sich der Kirchenfürst in den Kampf gegen die Medien, speziell den Hessischen Rundfunk. »*Man kann auch die Kirche madig machen. Letzteres scheint eine Spezialität des Hessischen Rundfunks zu sein und wird allmählich unerträglich*«, schreibt Dyba in seinem Bonifatiusboten. »*Ich kann wohl sagen, daß ich in den vier Jahren, seit ich in Fulda bin, in den vom Hessischen Rundfunk redigierten Sendungen zu kirchlichen Themen noch nicht einen positiven oder anerkennenden Satz über die Kirche gehört habe. Das pendelt zwischen Kirchenkritik und Kirchenbeschimpfung... Bleibt noch die unsägliche Show, in der ein aus Bremen importierter Moderator vornehmlich Hexen, Huren und Schwule als die ›Horizonte‹ der Kirche präsentiert... der Bürger wird – auch durch den immer weiter ausgebildeten Datenschutz – vor der Willkür der staatlichen Gewalten geschützt. Wäre es nicht an der Zeit, ihn auch vor der Willkür der vierten Gewalt, der Medien, zu schützen?«*

Ferner sei für die kirchlichen Sendungen des Hessischen Rundfunks »anderes« Niveau zu verlangen: »*Wenn es um ein Gesundheitsmagazin geht, dann läßt man nicht Quacksalber oder Kaffeesatzleserinnen zu Wort kommen, sondern Mediziner, die ihr Fach verstehen. Und beim Thema Verkehrssicherheit werden keine Geisterfahrer, sondern Verkehrsexperten befragt. Nur bei religiösen Sendungen werden Geisterfahrer herangezogen.«*

Dyba hat damit bewiesen, welch Geistes Kind er ist. Nicht nur kirchenintern, sondern auch in der Öffentlichkeit beansprucht er einen kritikfreien Raum für sich und sein Verständnis von der Kirche.

»...wenn es um ein Gesundheitsmagazin geht, dann läßt man nicht Quacksalber oder Kaffeesatzleserinnen zu Wort kommen ... Nur bei religiösen Sendungen werden Geisterfahrer herangezogen.«

Der Fuldaer Bischof zeichnet sich dadurch aus, daß er sein Gedankengut auch in die Realität umsetzt. Bei der Vergabe von 140 Baugrundstücken, die der katholischen Kirche im Fuldaer Stadtteil Haimbach gehören, sollen ungetraute Katholiken und protestantische Ehepaare keine Chance haben. In dem neuen Baugebiet, das zu 80 Prozent der Kirche gehört, sollen sich nach Dybas Willen nur rein katholische Ehepaare ansiedeln.

In dem Stadtteil lebt eine große Zahl evangelischer Christen. Sie sollen nach Dybas Auffassung keine Chance bei der Vergabe der Bauplätze haben, ebenso wenig wie Protestanten, die nach Fulda ziehen möchten. Haimbach soll katholischer werden.

Nachdem die SPD-Bundestagsabgeordnete Babara Weiler diese Vergabepraxis ans Tageslicht bringt und von »nordirischen« Verhältnissen spricht, erlaubt Dyba gnädig auch den Zuzug von katholisch-evangelischen Mischehen. Das versteht er als Einlenken. Und genau das zeigt ihn wie er ist: Im Umgang mit Menschen, die anders glauben als er, gnadenlos intolerant.

# Nachwort

Was das Buch aufzeigen wollte, widerfährt ihm selber. Bevor dieses Buch überhaupt auf dem Markt erschien, hat die Bischöfliche Pressestelle ihr Urteil gefällt. Diese Erklärung möchte ich Ihnen nicht vorenthalten – Sie sollen sich Ihr eigenes Urteil bilden:

**Erklärung der Bischöflichen Pressestelle Fulda vom 9. 2. 1993**

Zu Lothar Klemms Broschüre »Gnadenlos intolerant – Bischof Johannes Dyba« ist festzustellen, daß Erzbischof Dyba zu seinen Aussagen steht, daß aber kaum eines der angeblichen Original-Dyba-Zitate wirklich korrekt und vollständig wiedergegeben wurde...

Dazu einige Beispiele:

1. Der Besuch des Erzbischofs bei den Nuklearwerken in Hanau erfolgte auf Einladung der dortigen Betriebsräte, die dem Bischof ihre Sorgen und Nöte darlegen wollten. Bei Klemm wird daraus »ein demonstrativer Besuch: Wenige Tage nach dem Tschernobyl-Unglück«. Bei diesem Anlaß wies der Erzbischof auf den einstimmigen Beschluß der Vereinten Nationen vom November 1986 hin, die »friedliche Nutzung der Atomenergie weiter auszubauen und sie auch den Entwicklungsländern zugänglich zu machen«. Bei Klemm wird das als eine der Ideen Dybas dargestellt.

2. In den zahlreichen und von den Medien wiederholt als differenziert anerkannten Stellungnahmen des Militärbischofs zu evtl. Auslandseinsätzen der Bundeswehr ver-

trat er auch die Meinung, daß die Deutschen sich ihren Nachbarn und Verbündeten nicht unsolidarisch verhalten sollten: Wir Deutschen sollten »weder die Knobelbecher noch die Heulsusen Europas« sein. Klemm läßt die Warnung vor den Knobelbechern weg und verkürzt das Weder-noch geflissentlich auf die Heulsusen.

3. Daß es sich bei praktizierter Homosexualität um widernatürliche Unzucht und um eine »entehrende Leidenschaft« handelt, ist auch nicht ein persönliches Urteil von Erzbischof Dyba, sondern eine Aussage der Hl. Schrift; Römerbrief 1, 25-27.

4. Besonders niederträchtig ist die Verdächtigung des Erzbischofs im Falle des Todes des Pfarrers von Gersfeld 1986. Klemm stützt diesen ungeheuren Vorwurf auf eine so glaubwürdige Quelle wie das einstige Skandalblatt »Abendpost-Nachtausgabe«. In der seinerzeit veröffentlichten Stellungnahme des Gersfelder Pfarrgemeinderates heißt es dagegen ausdrücklich: »Es kann keine Rede davon sein, daß die Gemeinde den Tod ihres Pfarrers in irgendeinen Zusammenhang mit dem Erzbischof bringt«. Die Wahrheit darf aber bei Klemm auch im Fall Gersfeld nicht vorkommen.

Schon aus diesen Beispielen, die sich beliebig vermehren ließen, wird klar, daß es Herrn Klemm überhaupt nicht um ein auch nur annähernd objektives Bild geht, sondern um bewußte Irreführung der Öffentlichkeit und persönliche Verunglimpfung eines Mannes der Kirche. Klemms Pamphlet erinnert im Stil ebenso an die Hetzartikel des »Stürmer« wie das Juso-Pamphlet an den Jargon neonazistischer Skinheads. Es ist außerordentlich zu bedauern, daß ein prominentes Mitglied des Landtags, dem angeblich am guten Ruf Hessens besonders gelegen ist, sich auf solch erschreckend niedrigem Niveau bewegt. Dem Ansehen des hessischen Parlamentarismus ist damit ein Bärendienst erwiesen...